AF438253

DOROTHÉE,

PANTOMIME A SPECTACLE;

PRÉCÉDÉE

DES PREUX CHEVALIERS,

PROLOGUE-PANTOMIME.

*Repréſentée ſur le Théâtre de l'Ambigu-Comique,
à la Foire Saint-Germain, en l'année 1782.*

Prix, 12 *ſols.*

A PARIS,

De l'Imprimerie de **CAILLEAU**, rue
Saint-Severin.

On trouvera des Exemplaires audit Spectacle.

M. DCC. LXXXII.

O vous, sensibles cœurs, qui ne rougissez pas
D'écouter la Nature, & de verser des larmes :
 Venez partager les alarmes,
D'une mère aux abois, qui brave le trépas,
 Parce qu'elle est sans crime ;
 Mais qui, malheureuse victime,
 Et de l'amour & du devoir,
 Ne peut quitter sans désespoir
 Son fils, objet de sa tendresse,
Et fruit infortuné du plus fidèle amour ;
Après avoir maudit l'Auteur de sa détresse,
Bientôt vous le verrez, par un juste retour,
Dans les feux allumés par sa fureur traîtresse,
Expier ses forfaits & sa scélératesse.
Aux horreurs des bûchers succéderont les jeux ;
L'amour recompensé, la vertu triomphante,
Dans les bras de l'époux, son épouse innocente,
Et son enfant chéri, le bonheur de tous deux,
Gage de leur hymen, & de leur foi constante.
 Par une vive émotion,
 Je vois vos âmes s'attendrir :
 Les pleurs de la compassion,

A 2

Cédent aux larmes du plaisir.

Ah ! c'est le cri du cœur, la voix de la Nature !

Quels tendres mouvemens vous doivent agiter !

Mères, dignes de l'être, & qui savez aimer :

Et vous, jeunes Beautés, dont l'âme est encor pure,

Et qui méconnaissez le vice & l'imposture ;

Livrez-vous sans réserve à des transports si doux ;

Ce sont plaisirs du cœur, qui ne sont que pour vous,

  Et daignez recevoir l'hommage,

  Que je vous fais de mon Ouvrage.

Ce n'est qu'à la vertu qu'il se peut adresser,

Puisque c'est la vertu qu'on y voit triompher.

  Il est par-là sûr de votre suffrage.

   Loin de nous ces gens à *tapage*,

   Qui d'un futile bavardage

   Etourdissent tous leurs voisins ;

   De la langue, des pieds, des mains,

   Agissans toujours, sans rien faire.

   Ces gens à la tête légère,

   Qui jugent de tout au hasard,

   Sont partout, ne sont nulle part.

   Qui munis de vastes lorgnettes,

   Pour qu'ils disent des sornettes,

Et qu'ils faſſent des pirouettes ,

S'imaginent être divins.

Qui ne frappent jamais des mains ,

Qu'aux Spectacles où la licence ,

La baſſe charge & l'indécence ,

Par des coups rudement frappés .

Réveillent leurs ſens émouſſés.

Fuyez , trop inutile engeance ,

Honorez-nous de votre abſence.

Mais vous, dont l'âme eſt noble, & qui ſavez penſer,

Accourez en ces lieux , venez voir Dorothée.

Je ſçai que le vrai ſeul a droit de vous charmer ,

Vos plaiſirs ſont le but où viſe ma penſée.

Votre goût eſt mon guide ; & s'il eſt ſatisfait ,

Mon triomphe eſt certain , & mon bonheur parfait.

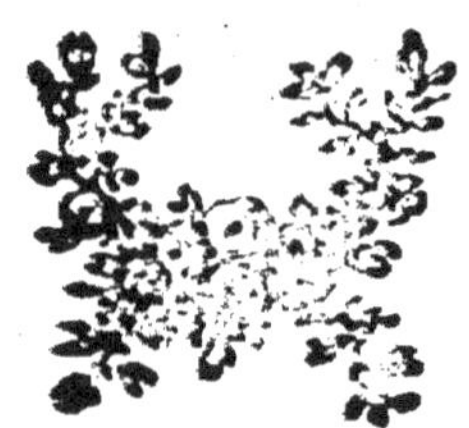

PERSONNAGES DU PROLOGUE.

LA TRÉMOUILLE, *Général d'une Division de l'Armée Françoise.*

ANTOINE, *vieux serviteur de la Trémouille.*

QUATRE PAGES.

UN OFFICIER, *reçu Chevalier.*

UN GRENADIER, *fait Officier.*

PLUSIEURS CHEVALIERS.

DEUX PAYSANS.

UNE PAYSANNE.

TROUPE DE SOLDATS FRANÇOIS.

UN CHEF DE L'ARMÉE ANGLOISE, *fait Prisonnier.*

La Scène est aux environs de la Ville d'Orléans, lorsqu'elle fut assiégée du tems de la Pucelle.

LES
PREUX CHEVALIERS,

PROLOGUE-PANTOMIME.

Le Théâtre repréfente un Camp.

ANTOINE, fidèle Serviteur du Général, plein de zèle pour fon Maître, veille à l'entrée de fa tente, & de tems à autre, entr'ouvre les rideaux, pour voir s'il repofe encore ; mais loin de fe livrer au fommeil, le Chef, auffi vigilant qu'intrépide, eft occupé à tracer le plan d'une bataille. Antoine fe retire doucement, pour ne pas l'interrompre, & s'occupe à nétoyer fes armes.

Un Officier de bonne humeur arrive du Camp, il veut parler au Général ; Antoine lui fait figne de ne point faire tant de bruit.

Viennent fucceffivement plufieurs autres Officiers, à qui Antoine recommande également de ne point troubler fon Maître.

Le Général fonne, Antoine entre. Le Général lui demande s'il y a quelqu'un à recevoir ; Antoine ayant fait figne que des Officiers l'attendent,

A

ouvre par son ordre les rideaux de la tente, & introduit les Officiers.

Le Général leur fait part des dispositions qu'il a pris, en cas que les Ennemis approchent, & leur indique la marche qu'ils doivent suivre, d'après le plan qu'il a conçu.

Les Officiers, reçoivent ses ordres, & lui font observer qu'on entend de loin le canon de l'Ennemi ; le Général ayant achevé de prescrire à chacun d'eux ce qu'il a à faire, ils se retirent.

(On bat la Générale.)

Différens corps de Troupes traversent le Camp, & vont se rendre à la place destinée au ralliement.

Le Général ordonne à Antoine d'agraffer sa cuirasse, de lui passer son écharpe, de préparer ses armes & d'appeler un de ses Pages. Il se livre pour un moment à toute la tendresse qu'il a pour sa chère Dorothée. L'image de sa bien-aimée qu'il contemple avec admiration, lui rappelle sans cesse le souvenir de cette beauté chérie ; ensuite il se met en devoir de lui écrire.

Le Page arrive, il reçoit de son Maître la lettre qu'il vient d'écrire, & un étui dans lequel est renfermé son portrait, qu'il doit porter en diligence à Dorothée.

Un Aide de-Camp vient annoncer au Général que les Troupes rassemblées n'attendent plus que de le voir à leur tête pour marcher au combat ; le Général prend son casque, son épée & vole à la victoire.

Antoine, ce vieux Serviteur plein de zèle & d'affection pour son Maître, reste seul dans la tente ; il déplace tout en voulant le mettre en ordre, il écoute de tems en tems les différens qui lui indiquent la situation des deux armées.

Un Payſan arrive tout eſſoufflé ; il fait à Antoine le recit de ce qui ſe paſſe à la bataille.
Comme on entend redoubler le bruit du canon
& celui des armes , il ſe ſauve de frayeur.

Un autre Payſan paroît avec un bâton d'une
main & ſa femme de l'autre, qu'il veut défendre
contre un Soldat qui la pourſuit.

Antoine, toujours dans les mêmes inquiétudes
ſur le ſort de ſon Maître ; ne ceſſe de s'agiter en
allant, venant d'un côté & d'un autre. Des fan-
fares & des cris victorieux frappent ſon oreille
& raniment tout-à-coup ſon eſpoir ; enfin, il ſe
livre à toute ſa joie.

Les Officiers ramènent le Général à ſa tente ,
& s'empreſſent tous à le féliciter. Le Général les
remercie, leur temoigne qu'ils ont part, auſſi-
bien que lui, à la gloire de cette journée. Il poſe
ſon caſque & ſes gantelets, & embraſſent ſes
meilleurs amis & ceux qui ſe ſont le plus dif-
tingués.

Un jeune Officier, accompagné d'un Grenadier
en qui il a mis toute ſa confiance, arrive chargé des
dépouilles de l'Ennemi ; il fait apporter ſur un
brancart un Chef de l'Armée Angloiſe dangereuſe-
ment bleſſé, qui ne veut remettre ſes armes qu'au
Général. Ce dernier les reçoit des mains de ſon
priſonnier, après lui avoir fait connoître la part
qu'il prend à ſa ſituation ; il le recommande aux
gens qui doivent en prendre ſoin , & le fait conduire au Camp.

Le Général ſe retourne enſuite vers le jeune
Officier, & lui prodigue les éloges qu'il a mé-
rité. Celui-ci les reçoit avec autant de modeſtie
que de nobleſſe, & ne deſire, pour recompenſe
de ſes ſervices, que d'être reçu Chevalier.

A

Général accueille favorablement sa proposition. Après avoir décoré du grade d'Officier le Grenadier, il donne ordre sur le champ de préparer tout ce qui est nécessaire pour la réception du nouveau Candidat. On dresse un trône sous la tente du Général où il doit monter, & chacun se met en place pour la cérémonie.

La femme du Paysan qui avoit été poursuivie par un Soldat, vient tout-à-coup en désordre se précipiter aux genoux du Général pour implorer sa justice. Il la relève en lui demandant le sujet de son affliction. Elle lui montre à quelque distance des Soldats qui maltraitent son mari, & qui veulent l'engager. Le Général ordonne qu'on les arrête, & qu'on les lui amène.

Les Soldats arrivent avec le Paysan qu'ils ont déja affublé d'un casque & d'une écharpe. Le Général fait à ses Soldats des reproches amers sur leur conduite. Ceux-ci s'excusent du mieux qu'il leur est possible, en montrant un engagement qu'ils disent être signé du Paysan. Après vérification faite de la part du Général & des Officiers présens, cet engagement se trouve faux. Alors le Général les fait sortir de sa présence, & conduire aux arrêts.

Il réunit les deux époux qui sortent en le bénissant d'avoir daigné leur rendre justice.

Cérémonies qui s'observoient à la Réception des Chevaliers.

Le Général assis sur son trône, deux Héraults d'armes s'approchent & le saluent. L'un d'eux présente avec respect un écrit contenant les motifs qui font desirer au Candidat l'honneur d'être admis dans l'Ordre de la Chevalerie. Le Général agrée sa demande, pourvu que les Parrains en répondent

Ceux-ci tirent à moitié leur épée pour preuve de leur confentement. Les Héraults fe retirent dans le même ordre où ils font entrés pour aller chercher le nouvel Initié.

Le jeune Guerrier arrive couvert d'une longue robe blanche, fous laquelle il eft armé de cuiraffe, &c. Il eft précédé du Roi d'Armes, des deux Héraults d'Armes, & au milieu des deux Parrains. Il eft fuivi des deux Ecuyers portant fon Pennon, fa Bannière, fon Etendard & fon Confalon. Après avoir falué le Général, il fe place & fe tient debout dans le fond. Le Général demande aux Chevaliers s'ils acceptent la réception du Candidat. Ceux-ci répondent d'abord en élevant la main droite les deux index étendus, enfuite ils tirent l'épée, l'agitent trois fois en l'air, la remettent au foureau, portent la main droite fur leur cœur, & enfin frappent trois fois des mains en figne de confentement unanime. Les Parains précédés des Héraults d'Armes amènent le Candidat au pied du Trône où il fe met à genoux fur un carreau de velours. Il prononce le Serment fur un grand livre que le Général tient fur fes genoux, & celui-ci fufpend la pointe de fon épée fur la tête du Récipiendaire, enfuite avec les deux index il lui donne un petit foufflet fur la joue gauche, le frappe du plat de fon épée à trois différentes fois fur l'épaule gauche, relève le nouveau Chevalier, lui donne l'accolade & l'embraffe fur la parole. Après cette cérémonie on le ramene au milieu du Théâtre, on le dépouille de fa robe blanche ; le Général defcend du Trône & prenant une épée de la main d'un des plus braves Chevaliers, il la lui ceint au côté, puis retourne fur fon Trône. Le nouveau Chevalier reçoit de l'un des Gantelets, de l'auun Bouclier, de celui-ci une Lance, de celui-là un Casque, un cinquieme lui chausse un Eperon d'or au pied droit, tout le monde le félicite & l'embrasse l'un après l'autre.

Les Dames entrent sur deux lignes, passent devant le Trône en saluant le Général, & forment un demi cercle autour du nouveau Chevalier. Deux Demoiselles prennent de la main d'un Page, l'une une Echarpe, l'autre un Manteau doublé d'hermine. La première lui passe l'Echarpe sur l'épaule de droite à gauche, la seconde lui attache le Manteau sur les épaules, le baise sur la joue droite & toutes se retirent en le saluant.

Le Roi d'Armes & les deux Héraults d'Armes élevent le Chevalier sur un Bouclier & toute l'assemblée tirent l'épée en signe de réjouissance. Le Général, les Chevaliers & toute la Cour le saluent au son des Instrumens militaires & d'une Musique triomphante. On le descend : deux Dames lui présentent la main, deux autres portent devant lui son Casque & son Bouclier, deux autres sa Lance & ses Gantelets & tout le monde sort en ordre.

Le Général ayant forcé les ennemis de se retirer, & ne craignant plus aucunes incursions de leur part, ordonne à son Ecuyer de prendre son armure & de le suivre. L'Ecuyer lui représente que la gloire l'environne de toutes parts dans sa Patrie, sans aller la chercher plus loin ; à quoi le Héros lui répond confidemment qu'il vole revoir sa chère Dorothée & qu'il ne tardera pas à revenir sur ses pas.

(*Ils sortent.*)

Fin du Prologue-Pantomime.

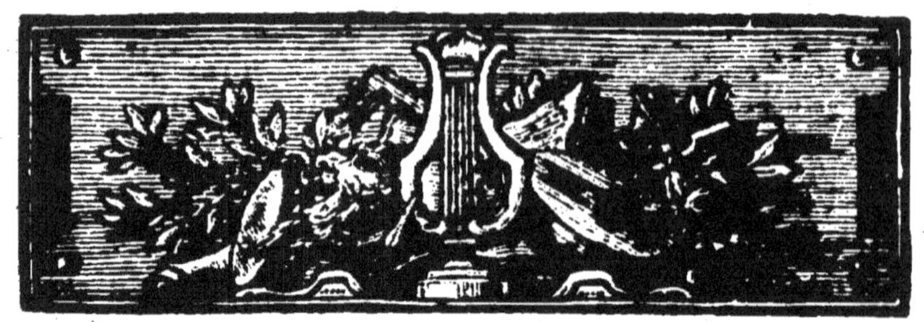

DOROTHÉE,

PANTOMIME

EN TROIS ACTES.

PERSONNAGES.

DOROTHÉE.
UN JEUNE ENFANT, *Fils de Dorothée.*
UNE GOUVERNANTE.
PLUSIEURS SUIVANTES *de Dorothée.*
LA TRÉMOUILLE, *Amant de Dorothée.*
DUNOIS, *Preux Chevalier.*
GARDES.
UN MAIRE DE VILLE.
SACROGORGON, *Chef de la Garde.*
PEUPLES ET SOLDATS.

La Scène est à Milan.

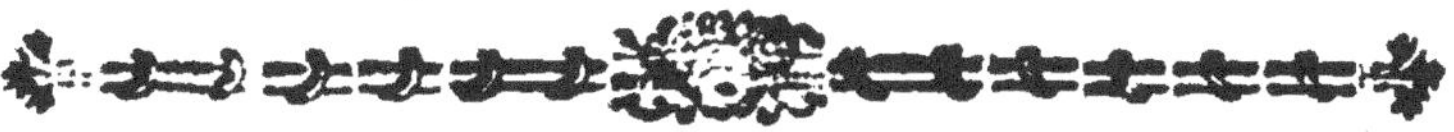

DOROTHÉE,
PANTOMIME.

ACTE PREMIER.

Le Théâtre repréfente un Sallon.

DOROTHÉE affife eft occupée avec deux de fes femmes à broder une écharpe. Elle laiffe de tems en tems échapper quelques foupirs. Ses femmes cherchent à la diftraire du mieux qu'il leur eft poffible, tandis que, d'un autre côté, une Gouvernante fait fauter un enfant fur fes genoux. Dorothée lui fait figne d'approcher, & de lui apporter l'enfant. La Gouvernante le lui remet entre les bras ; Dorothée le regarde avec fatisfaction, lui fourit & l'embraffe tendrement.

Un Page arrive de l'armée, apporte à Dorothée une lettre qu'il a de la peine à retrouver. Enfin, il la donne à Dorothée qui l'ouvre avec précipitation, & la lit avec une action qui défigne ce qu'elle renferme. Le Page lui remet enfuite un étui dans lequel eft renfermé le portrait de fon Maître. Elle le reçoit avec tranfport, le couvre de baifers & le montre à fes femmes qui en admirent la reffemblance.

Un Domeftique vient annoncer à Dorothée que le Maire de la Ville veut lui parler. On fait difparoître l'enfant, la Gouvernante & le Page.

Le Maire témoigne fon mécontentement de ce qu'on l'a fait attendre pour entrer. Enfuite, il fait connoître à Dorothée qu'il defire être feul avec elle. Les Dames fe retirent.

Dorothée tremblante écoute avec patience pendant quelque tems les déclarations amoureuses du
Maire de Ville. Excédée de ses importunités, &
justement indignée contre son persécuteur, elle
l'accable de reproches, & cherche envain à lui faire
pressentir les remords qui suivent toujours de près
une indigne passion ; mais le Maire n'écoutant que
ses violens desirs, n'en devient que plus pressant
Dorothée résiste à la proposition.... Il oublie le
respect que l'on doit à la vertu. Dorothée appelle à
son secours, & laisse tomber, sans s'en appercevoir,
la lettre que venoit de lui remettre le Page. Le
Maire s'en saisit, parcourt d'un œil avide ce qu'elle
contient, & ne pouvant plus tenir aux violens excès
de sa jalousie, il accuse Dorothée devant ses gens
d'être coupable envers l'État ; & sort, en la mena-
çant de la livrer à toute les rigueurs des loix.

Dorothée frappée de ce coup de foudre, ne songe
plus qu'aux malheurs qui vont l'accabler. Ses Dames
cherchent inutilement à la consoler. Elle se livre à
toute sa douleur. On entend du bruit : ce sont des
Archers qui viennent pour l'enlever, & qui se dis-
putent avec les Domestiques qui ne veulent pas les
laisser entrer.

Les Archers paroissent ; ils présentent leur ordre
à Dorothée, qui, n'ayant presque pas la force de les
regarder, exprime son désespoir par des soupirs, des
plaintes & des sanglots, auxquels ils ne répondent
que par des gestes durs & menaçans. Dorothée se
dépouille, en faveur de ses femmes, des ajuste-
mens qu'elle a sur elle, & demande en grace qu'on
lui laisse voir & embrasser son enfant : ce que les
barbares lui refusent impitoyablement. Enfin, on
l'entraîne plus morte que vive.

Fin du premier Acte.

ACTE II.

Le Théâtre représente une Prison.

LE Geolier arrange un siége, nettoye son cachot du mieux qu'il peut pour recevoir sa nouvelle Prisonnière.

Les Archers apportent dans leurs bras Dorothée évanouie, la posent sur un siége de pierre, placé au bas d'un pillier, & l'y enchaînent. Ils s'essuyent le visage, & sortent, en murmurant, de ce qu'ils n'ont rien reçu pour boire.

Le Geolier regarde attentivement Dorothée, la plaint de tout son cœur; il lui prend envie de tems en tems de la faire revenir de son évanouissement en lui portant à la bouche quelque boisson. Alors il fait réflexion qu'il vaut mieux la laisser revenir d'elle-même. On frappe; il se retire.

Dorothée reste seule; elle soupire; elle sanglotte, & enfin ouvre les yeux. Quel spectacle affreux pour elle! au milieu d'un cachot, enchaînée à un énorme pillier, abandonnée à elle-même; c'est ici que sa douleur s'exhale dans toute la force de son amertume pour augmenter l'horreur de sa situation.

Elle voit entrer son persécuteur, qui ne l'aborde que pour lui faire envisager une mort affreuse, ou la sauver aux dépens de son innocence. Accablée des persécutions du Maire, elle ne feint de l'écouter un moment, que pour demander à voir son enfant. Il ordonne au Geolier de le faire venir. Celui-ci témoigne que l'enfant & la Gouvernante sont à la porte, & qu'il va les faire entrer.

Il fait entrer l'enfant, & on repouſſe la Gouvernante. Le Maire prend l'enfant par la main, & le préſente à ſa mère qui le prend entre ſes bras & le ſerre tendrement contre ſon cœur. Le Maire lui demande que, pour prix de ſa complaiſance, elle lui promette d'être à lui, & qu'elle ſe verra au comble du bonheur. Dorothée préfère les ſupplices les plus honteux à la baſſeſſe de trahir ſes ſermens. Le Maire voyant tous ſes efforts inutiles, ſort rugiſſant de colère, & pour conſommer ſes forfaits, il la condamne dès ce moment à la plus affreuſe mort.

L'enfant de Dorothée, après avoir fait de vains efforts pour appaiſer la cruauté du Maire de Ville, cherche à conſoler ſa mère en eſſuyant les larmes qui coulent de ſes yeux, & fléchiſſant les genoux, il demande au Ciel ſa protection contre un ennemi ſi puiſſant.

Dorothée ſeule, tenant ſon enfant, oublie pour ainſi dire où elle eſt, & le ſort qui la menace pour ne voir & ne s'occuper que de lui.

Des Archers viennent la chercher pour la mener au ſupplice ; il faut lui arracher ſon enfant, & c'eſt lui donner deux fois la mort. Après tant de réſiſtance, elle s'affoiblit : on lui ravit le précieux gage de ſon amour, à meſure que les forces lui manquent, & ſes yeux fixés ſur lui n'en perdent ſa vue qu'en s'éteignant dans les larmes.

Fin du ſecond Aǧe.

ACTE III.

Le Théâtre repréſente une Place publique ; dans le milieu eſt un bûcher prêt à être enflammé. Sur le devant on lit cette inſcription :

LA BELLE DOROTHÉE
AU FEU SERA JETTÉE ,
SI LA VALEUR D'UN CHEVALIER LOYAL
NE LA RECOURT DE CE BRASIER FATAL.

DUnois arrive ſur la place, ſuivi de ſon Ecuyer, il regarde avec indignation le bûcher & les ſoldats qui l'environnent. Il parcourt la place & ordonne à ſon Ecuyer de s'informer quel eſt la victime pour qui l'on a fait tous ces apprêts. L'Ecuyer le demande à un des gardes qui entourent le bûcher. Ce ſoldat ne lui répond qu'en lui montrant du doigt l'inſcription. L'Ecuyer après avoir lû , va pour en inſtruire Dunois , qui en ayant pris lecture à ſon tour commande à ſon Ecuyer de mettre ſon nom au bas , ce qu'ayant fait , ils ſortent l'un & l'autre.

Le bruit d'une marche lugubre annonce l'arrivée de la victime. Elle arrive eſcortée des Officiers de Juſtice , de la Garde & ſuivi de tout le Peuple. Après que chacun a pris ſa place , le Chef de la Garde fait le ſerment accoutumé ſur un Drapeau qu'on déploie & où on lit :

JE JURE QUE DE DOROTHÉE
LA PERTE EST MÉRITÉE.
SI QUELQUE AUDACIEUX
VEUT PRENDRE SA QUERELLE
ET COMBATTRE POUR ELLE ,
QU'IL S'OFFRE A L'INSTANT A MES YEUX.

Aussi-tôt Dunois se présente, lui lance un regard furieux, & jure à son tour de prendre la défense de Dorothée envers lui & contre tous. Puis courant à Dorothée, lui demande la permission de combattre pour elle, il met un genoux en terre & ne se relève qu'en obtenant d'elle cette grace. Dunois se retourne alors vers le Chef de la Garde, & lui commande d'aller prendre son armure pour se mesurer avec lui. Il sort pour y aller; mais avec autant de peur que Dunois montre de bravoure.

Dunois retourne à l'innocente Dorothée & la supplie de lui dire le sujet d'un si horrible traitement. Elle lui montre l'objet de tous ses malheurs. C'est pour lui seul, c'est pour lui rester fidelle qu'elle est prête à monter sur le bûcher. Dunois reconnoît son ami dans le portrait que Dorothée lui présente, & ne respire que la brûlante impatience de venger l'innocence outragée & le plus digne ami : enfin, ne pouvant plus modérer sa colère, il se fait jour à travers le Peuple & les Gardes.

Il ramène le Chef de la Garde par le défaut de sa cuirasse & le force de combattre à outrance. Ce Chef ne tarde pas à éprouver sa défaite, il tombe sous les coups de la valeur & se roule par terre en expiant ses forfaits.

Les Soldats voyant ainsi expirer leur Chef, cherchent à le venger, en fonçant de tous côtés sur le généreux Dunois, mais secondé de son Ecuyer, il se défend avec tant de courage & d'adresse, qu'il les repousse sans en être atteint,

Pendant ce tems on entraine Dorothée sur le bûcher, & on l'attache au poteau. On entend de toutes parts des cris tumultueux.

L'Epoux de Dorothée arrive, court à elle, la fauve des flammes qui l'environnent déjà, & remet fa femme évanouie entre les bras de fon Ecuyer. Dans cet inftant, le Maire qui vient pour jouir de fa vengeance ; furieux & défefpéré de voir qu'on lui arrache fa victime, fe jette, le poignard à la main, fur la Trémouille ; mais celui-ci le terraffe, ainfi que fes Satellites, & le précipite au milieu des flammes, que cet homme odieux avoit fait allumer.

Enfin la Trémouille & Dunois vainqueurs tous les deux, marquent par les témoignages de leur amitié, combien ils font flattés qu'un fi heureux hafard les réuniffe.

Dorothée revenue de fon évanouiffement n'ouvre les yeux que pour contempler un époux qu'elle adore, elle vole dans fes bras & remercie fon libérateur.

(Fête générale.)

Fin de la Pantomime.

Lu & approuvé, le 26 Janvier 1782,

SUARD.

Vu l'Approbation, permis de repréfenter & d'imprimer. A Paris, ce 26 Janvier 1782,

LENOIR.